Erfolgreiche Führung durch Delegation
Michael Lorenz
Nora Haager

Michael Lorenz
Nora Haager

Erfolgreiche Führung durch Delegation

3. Auflage

Copyright © 2015, 2021, 2026
Michael Lorenz, Nora Haager, Autoren
grow.up. Managementberatung GmbH
Quellengrund 4, 51647 Gummersbach
lorenz@grow-up.de, Tel.: 02354/70890-0
www.grow-up.de
Redaktion: Ilona Haselbach, grow.up.
Managementberatung GmbH
Cover: Bilderstellung mit KI/ChatGPt

3. Auflage 2026

ISBN-13: 978-1518717291
Imprint: Independently published

Inhaltsverzeichnis

Vorwort

Wer seiner Führungsrolle gerecht werden will, muss genug Vernunft besitzen, um die Aufgaben den richtigen Leuten zu übertragen, und genügend Selbstdisziplin, um ihnen nicht ins Handwerk zu pfuschen.

Theodore Roosevelt, 1909-1993,
brit. Historiker, Soziologe und Publizist

Wir haben es im Führungsalltag mit jeder Menge Störungen zu tun, die uns von den wesentlichen Führungsaufgaben abhalten wollen. Eine wichtige Lösung für dieses Problem liegt in einer konsequenten Aufgabendelegation. Dieses Heft erläutert Ihnen, welchen Nutzen Sie von einer konsequenten Anwendung des Führungsinstruments Delegation haben, es zeigt die wichtigsten Aspekte bei der Delegation und gibt Ihnen Methoden und Instrumente an die Hand, um Aufgaben rechtzeitig und sinnvoll zu delegieren sowie den Überblick über bereits delegierte Aufgaben zu behalten. Übergeordnetes Ziel dabei ist, Ihnen hierdurch ein effizienteres Arbeiten zu ermöglichen.

In diesem Buch, aus der grow.up.-Reihe *Führung TO.GO.*, erfahren Sie die wesentlichsten Dinge, die Sie als Führungskraft über das Thema Delegation wissen sollten.

Michael Lorenz   Nora Haager

Gummersbach, im Februar 2026

Hinweis: Wir nutzen in diesem Buch männliche und weibliche Formen, ohne dass dies eine Bevorzugung oder Zurücksetzung einer Geschlechterform darstellen soll. Es ist in allen Ausführungen aber sinngemäß immer die männliche und weibliche Form gemeint.

Erfolgreiche Führung durch Delegation

Welchen Nutzen bringt mir Delegation?

Delegation ist der wesentliche Ansatzpunkt zur wirkungsvollen Multiplikation Ihrer Arbeitskraft. Mit Hilfe der Delegation von Aufgaben und Verantwortung können Sie Ziele und Erfolge erreichen, die alleine nicht zu erreichen sind. Darüber hinaus ist die Delegation ein wesentliches Instrument, um Ihre Mitarbeiter zu motivieren und zu fördern. Im Wesentlichen können mit der Delegation also die folgenden beiden Ziele erreicht werden:

1. Zielerreichung und Erfolgssicherung

Sie selbst können als Führungskraft nicht alle anstehenden Aufgaben alleine bewältigen. Zeitgemäße Führungsarbeit erfordert daher das aktive Mitwirken Ihrer Mitarbeiter am Wertschöpfungsprozess und letztlich am Unternehmenserfolg. Durch die Delegation gewinnen Sie Freiräume für wichtigere Aufgaben, z. B. die strategische Ausrichtung des eigenen Verantwortungsbereiches, die Führung Ihrer Mitarbeiter, Zieldefinition und -verfolgung, Networking und Ergebniskontrolle. Durch das Delegieren können Sie darüber hinaus das Wissen Ihrer Mitarbeiter aktiv nutzen und erfahren so auch etwas über die Chancen und Grenzen ihrer Fähigkeiten.

2. Mitarbeiterförderung

Delegation ist ein wesentliches Instrument, um Ihre Mitarbeiter zu fördern – sie lernen und wachsen zu lassen. Eine Aufgabe übertragen zu bekommen, zahlt sich für sie in mehrfacher Hinsicht aus. Ihre Mitarbeiter können selbstständiges Arbeiten üben und erhalten so die Möglichkeit, ihre Fähigkeiten unter Beweis zu stellen sowie sich fachlich und persönlich weiterzuentwickeln. Sie wiederum beweisen damit Ihren Mitarbeitern, dass Sie Vertrauen in sie und ihre Fähigkeiten haben. Hieraus resultieren erfahrungsgemäß eine höhere Arbeitszufriedenheit und ein gesteigertes Selbstwertgefühl auf Seiten der Mitarbeiter.

Delegation bewirkt...

- Entlastung für die Führungskraft und mehr Zeit für andere und übergeordnete Aufgaben.

- Bindung und Motivation der Mitarbeiter durch neue Herausforderungen und persönliche Wachstumsmöglichkeiten.

- Kompetenzerweiterung für die Mitarbeiter durch Miteinbeziehung in Entscheidungsprozesse und kontinuierliche Steigerung des Anspruchsniveaus.

- Effizienzsteigerung durch Arbeitsteilung und Einbeziehung des Know-hows der Mitarbeiter.

- Etablierung eigener Güte- und Qualitätskriterien bezüglich der Aufgabenerfüllung durch das Festlegen von konkreten Erfolgskriterien.

- Förderung des Teamgeistes durch Verdeutlichung einer gemeinsamen Zielerreichung.

Wie gehe ich vor?

Viele Führungskräfte klagen über eine hohe Arbeitsbelastung, verhalten sich jedoch hinsichtlich der Delegation von Aufgaben oft zögerlich. Woher rührt dieser Widerspruch? Zum einen mag das etwas mit dem zu Beginn erhöhten Zeitaufwand zu tun haben, den Sie als Führungskraft investieren müssen, um Aufgaben genau zu erklären. Zum anderen gehen Sie natürlich auch das Risiko ein, dass Mitarbeiter Fehler machen, für die Sie als Führungskraft verantwortlich gemacht werden. Hier hilft Vorbereitung, Begleitung und Steuerung der Mitarbeiter.

Ein zentrales Element einer guten Delegationsvorbereitung (vgl. Abb. 1) ist die Frage, ob die Aufgabe überhaupt erledigt werden muss. Denn ca. 20 Prozent der Aufgaben auf Ihrem Schreibtisch sind überflüssig bzw. erledigen sich bei Nichtbeachtung ganz von selbst.

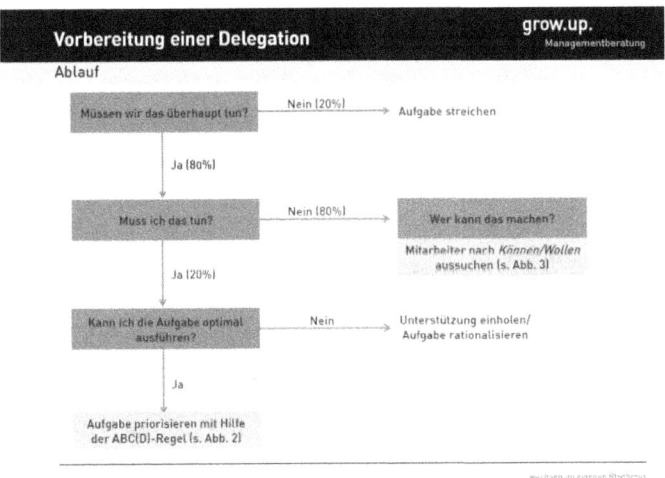

Abb. 1: Vorbereitung einer Delegation

Falls Sie die Frage: „Muss die Aufgabe überhaupt erledigt werden?" allerdings mit JA beantworten, so fragen Sie sich im nächsten Schritt, ob Sie diese Aufgabe selbst erledigen müssen oder ob sie nicht auch von einem Ihrer Mitarbeiter erledigt werden kann. Priorisieren Sie die Aufgabe mit Hilfe der ABC(D)-Regel, indem Sie sie den vier in Abb. 2 abgebildeten Aufgaben zuordnen. Das Grundprinzip der ABC(D)-Regel lautet dabei: Wichtigkeit vor Dringlichkeit. Im Folgenden werden die Aufgabentypen näher beschrieben.

A-Aufgaben (15 Prozent) haben sowohl eine hohe Wichtigkeit als auch eine hohe Dringlichkeit. Sie haben die höchste Priorität, da sie Ihnen kurz- oder auch langfristig den größten Nutzen bringen (wichtig) und wenn Probleme schnell gelöst werden müssen (dringend). Die Nichterfüllung dieser Aufgaben führt zu negativen Konsequenzen. Um die A-Aufgaben aus Ihrer Aufgabenliste herauszufiltern, fragen Sie *sich:* „Durch die Erledigung welcher Aufgaben erreiche ich am schnellsten meine wichtigsten Arbeitsziele?" Wenn Sie die A-Aufgaben identifiziert haben, erledigen Sie sie direkt selbst. Ein Beispiel für eine solche Aufgabe wäre die Anfrage eines großen wichtigen Kunden, der von Ihnen bis morgen ein ausführliches Angebot haben möchte. Sollten Sie mehrere A-Aufgaben haben, empfehlen wir Ihnen, diese mit A1, A2, A3 usw. zu kennzeichnen.

B-Aufgaben (20 Prozent) sind (noch) nicht dringend, aber sehr wichtig. Durch das Aufschieben dieser Aufgaben, können sie schnell zu A-Aufgabe werden. Ein Beispiel für solch eine B-Aufgabe mit Tendenz zur A-Kategorie kann etwa die Projektskizze für den Ausschreibungstermin in einem Monat sein. Andere B-Aufgaben, wie die Neustrukturierung der Unternehmenshomepage verbleiben für eine längere Zeit in der B-Kategorie. B-Aufgaben eignen sich sehr gut zur Delegation. Sie sind wichtig und können dadurch Ihre Mitarbeiter herausfordern, fördern und motivieren. Sie sind nicht dringlich. Das bedeutet, dass sie Ihnen genug Zeit für die Planung des Delegationsauftrages bieten. Außerdem lässt der größere Zeitrahmen Raum für Feedback und mögliche Korrekturen.

C-Aufgaben (65 Prozent) sind dringend, aber (langfristig gesehen) nicht wichtig. In diese Aufgabenkategorie fällt das typische Tagesgeschäft. Delegieren Sie C-Aufgaben komplett oder verkürzen Sie sie durch eine bessere Organisation. Beispiel für eine C-Aufgabe kann ein Bekannter von Ihnen sein, der Sie bittet, ihm im Laufe des Tages ein Dokument zukommen zu lassen.

Im besten Fall haben Sie sie bereits identifiziert und aussortiert: D-Aufgaben gehören nicht auf Ihren Schreibtisch, sondern in den Papierkorb, da sie weder besonders wichtig, noch besonders dringend sind. Das heißt, es entsteht kein Schaden, wenn diese Aufgaben überhaupt nicht erledigt werden. Eine neue Zimmerpflanze für das Büro kaufen wäre etwa ein Beispiel für die Aufgabenkategorie D.

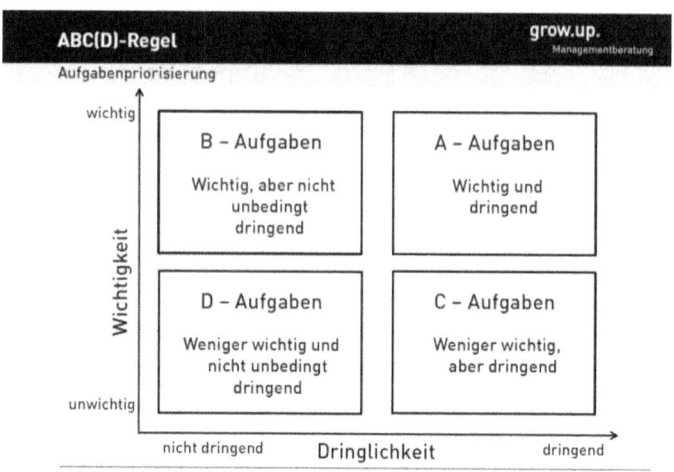

Abb. 2: ABC(D)-Regel

Wenn Sie die Frage: „Muss *ich* die Aufgabe erledigen?"
allerdings mit NEIN beantworten, so ist im dritten Schritt
zu überlegen, wer die Aufgabe alternativ für Sie übernehmen kann.

Zur Auswahl des geeigneten Mitarbeiters für die jeweilige
Aufgabe, empfehlen wir Ihnen, sich selbst zunächst zwei
Fragen zu beantworten: 1. „Was kann der Mitarbeiter?"
und 2. „Was will der Mitarbeiter?" Sind die beiden Skalen
Können und *Wollen* hoch ausgeprägt, sind das die Leis-
tungsträger unter Ihren Mitarbeitern und daher am besten geeignet, diese Aufgaben für Sie zu erledigen. Wenn
Sie Mitarbeiter haben, die wollen, aber noch nicht so
richtig können, weil sie vielleicht neu oder unerfahren
sind, sind diese für die Aufgabendelegation nur bedingt
geeignet. Sie müssen exakt angeleitet und bei der Aufgabenerfüllung begleitet und unterstützt werden. Das kostet
wiederum zusätzliche Zeit. Mitarbeiter, auf die die Begrif-
fe *Frustrierter* (Können, Nicht Wollen) und *Problemfall*

(Nicht Können, Nicht Wollen) zutreffen, sind dagegen nicht für die Bearbeitung der von Ihnen zu delegierenden Aufgaben geeignet. Die unterschiedlichen Typen von Mitarbeitern können der nachfolgenden Abb. 3 entnommen werden. Wenn Sie das Thema *Führen von unterschiedlichen Mitarbeitertypen* vertiefen möchten, empfehlen wir Ihnen unser Buch *Professionelle Personalauswahl- und entwicklung* aus der grow.up. Reihe *Führung TO.GO.*

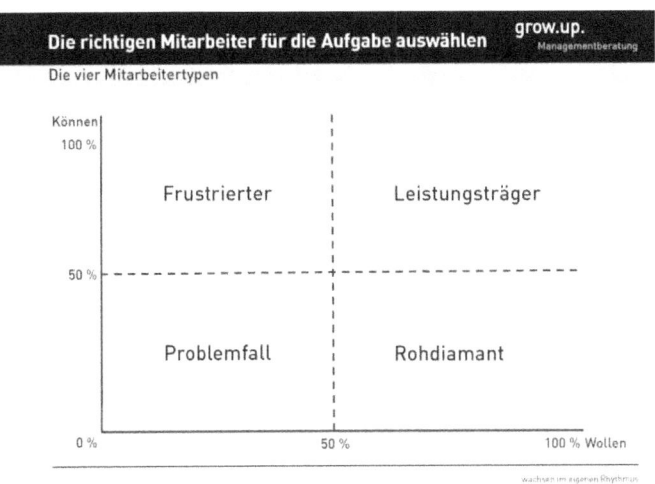

Abb. 3: Die vier Mitarbeitertypen

Der Erfolg der Delegation hängt sehr stark davon ab, wie Sie Ihre Mitarbeiter auf die zu übertragende Aufgabe vorbereiten und ob Sie sie in alle für die Erledigung wichtigen Abstimmungsprozesse einbeziehen. Eine zeitnahe Information über Änderungen der Rahmenbedingungen ist hierbei ebenso wichtig wie der Austausch über den aktuellen Projektverlauf und eventuell notwendige Maßnahmen.

Delegation beinhaltet mehr als die bloße Weitergabe von Aufgaben. Vielmehr werden durch erfolgreiche Delegation genau definierte und klar abgegrenzte Aufgaben und Befugnisse mit dem Hinweis der Verantwortlichkeit für die eigenständige Ausführung der Aufgabe weitergegeben.

Damit Delegation zu einem wirkungsvollen Führungsinstrument wird, sollten Sie folgende Punkte beachten:

- Klare Zielbeschreibung

- Klären der Rahmenbedingungen, Ressourcen und Kosten

- Festlegen einer Deadline, bis zu der die Aufgabe zu erledigen ist

- Definition von Qualitätsmerkmalen

Die sogenannten *6 W-Fragen* (s. Abb. 4) sind ein bewährtes Mittel, um einen Arbeitsauftrag erfolgreich zu delegieren. Sie dienen Ihnen als eine Art Leitfaden und sollten vor jeder Delegation beantwortet werden.

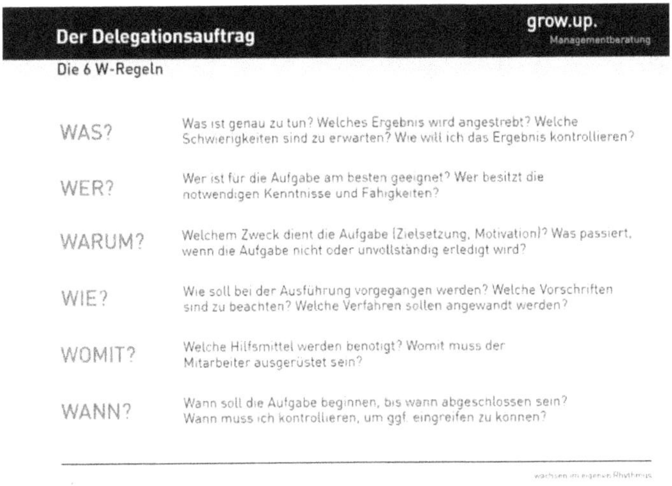
Der Delegationsauftrag
grow.up.
Managementberatung
Die 6 W-Regeln
WAS?
Was ist genau zu tun? Welches Ergebnis wird angestrebt? Welche Schwierigkeiten sind zu erwarten? Wie will ich das Ergebnis kontrollieren?
WER?
Wer ist für die Aufgabe am besten geeignet? Wer besitzt die notwendigen Kenntnisse und Fähigkeiten?
WARUM?
Welchem Zweck dient die Aufgabe (Zielsetzung, Motivation)? Was passiert, wenn die Aufgabe nicht oder unvollständig erledigt wird?
WIE?
Wie soll bei der Ausführung vorgegangen werden? Welche Vorschriften sind zu beachten? Welche Verfahren sollen angewandt werden?
WOMIT?
Welche Hilfsmittel werden benötigt? Womit muss der Mitarbeiter ausgerüstet sein?
WANN?
Wann soll die Aufgabe beginnen, bis wann abgeschlossen sein? Wann muss ich kontrollieren, um ggf. eingreifen zu können?
wachsen im eigenen Rhythmus

Abb. 4: Die 6 W-Regeln für den Delegationsauftrag

Was muss ich bei der Delegation beachten?

Die wesentliche Kunst des Delegierens besteht darin, sich nicht nur zuarbeiten zu lassen, indem Sie vor- und nachbereitende Arbeiten von der Hauptaufgabe trennen und so den Mitarbeiter langsam an den gesamten Tätigkeitsablauf heranführen. Ziel ist vielmehr, den Mitarbeiter mit Ihren Qualitäts- und Schnelligkeitsanforderungen vertraut zu machen. Ihr Mitarbeiter muss lernen, Problemlösungsmuster zu entwickeln, in Anbetracht derer Sie als Führungskraft die Aufgabenerfüllung als gut, effizient und richtig bewerten können. Erst, wenn Ihr Mitarbeiter eine ganze Zeit lang Erfahrung mit der Erfüllung einer Aufgabe gesammelt hat, ist es sinnvoll, ihn ggf. das Muster modifizieren zu lassen.

Folgende Tipps sollen Ihnen helfen, wirksam zu delegieren:

- Zunächst ist es wichtig, den für die Aufgabe ausgewählten Mitarbeiter auf seine Qualifikation und Motivation hin zu überprüfen. Sie müssen sich sicher sein, dass der Mitarbeiter über das zur Aufgabenerfüllung notwendige Können (Wissen, Fähigkeiten, Erfahrung) und Wollen (Motivation, Engagement, Selbstvertrauen) verfügt (vgl. Abb. 3).

- Damit der Mitarbeiter für die Aufgabenerfüllung motiviert ist, muss er einen Sinn in seinem Handeln erkennen. Hierfür ist es wichtig, dass Sie ihm einen Einblick in den Gesamtzusammenhang geben.

- Zu guter Letzt sind nicht nur die Aufgabe als solche, sondern auch die entsprechenden Ressourcen und Hilfsmittel zur Verfügung zu stellen, damit die Aufgabe von dem Mitarbeiter erfolgreich erledigt werden kann.

Die nachfolgende Checkliste gibt in Form von typischen Dos and Don'ts weitere Tipps, was Sie bei der Delegation unbedingt beachten sollten.

Checkliste: Dos and Don´ts bei der Delegation – Was Sie bei der Delegation beachten sollten

Dos	Don´ts
Machen Sie dem Mitarbeiter klar, was mit der Aufgabe bezweckt wird, was der Sinn und die Zielsetzung seiner Arbeit ist.	Geben Sie nie die letzte Verantwortung ab, sie ist nicht delegierbar. Stehen Sie vor Ihren Mitarbeitern.
Delegieren Sie ganzheitliche Aufgaben. Verdeutlichen Sie Zusammenhänge zu anderen Aufgaben oder Prozessen, die bei der Erfüllung und bei notwendigen Entscheidungen eine Rolle spielen.	Vergessen Sie nicht, die Aufgabenerfüllung zu kontrollieren und dem Mitarbeiter entsprechendes Feedback zu geben.
Delegieren Sie Aufgaben, die für den Mitarbeiter realistisch und erreichbar sind.	Verlieren Sie nie den Überblick.
Lassen Sie Ihre Mitarbeiter auf Ihre Art und Weise zum Erfolg kommen (auch wenn Sie die Aufgabe anders lösen würden).	Übertragen Sie ein und dieselbe Aufgabe nie an mehrere Mitarbeiter.
Delegieren bedeutet, Verantwortung zu übertragen und zugleich das Recht, eigene Entscheidungen zu treffen.	Lassen Sie auf keinen Fall zu, dass der Mitarbeiter Lösungsvorschläge bei Ihnen abholt.
Bieten Sie Ihre Begleitung an, achten Sie jedoch darauf, dass der Mitarbeiter Lösungen selbstständig erarbeitet.	Hilfe: Ja. Rückdelegation: Nein.
Lassen Sie los. Halten Sie sich raus, sobald Sie die Aufgabe delegiert haben.	Bedenken Sie, dass ein Zuviel an Hilfe als Einmischung gewertet werden kann und die Motivation und das Selbstbewusstsein des Mitarbeiters darunter leiden können.

Welche Aufgaben kann und soll ich delegieren?

Viele Führungskräfte fühlen sich für alles verantwortlich. Allerdings ist es ist nicht sinnvoll, nur unangenehme oder Randaufgaben an Mitarbeiter abzugeben. Im Gegenteil – das ist der sicherste Weg, Ihr Ziel nicht zu erreichen. Abb. 5 gibt Ihnen einen Überblick, welche Aufgaben Sie gut delegieren können und bei welchen Aufgaben von Delegation eher abzuraten ist.

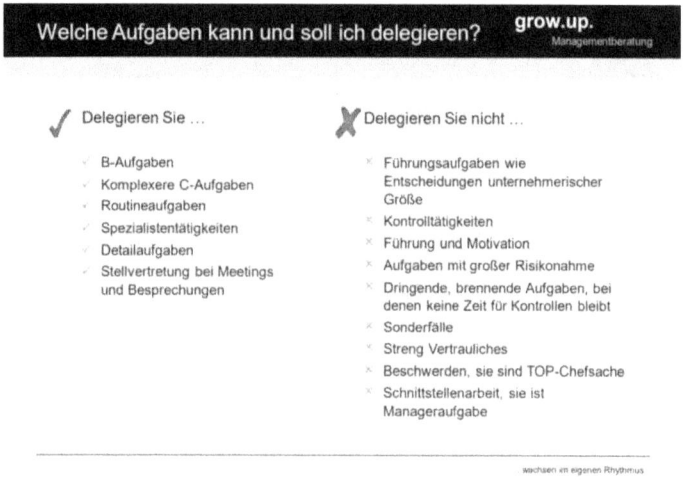

Abb. 5: Welche Aufgaben können Sie delegieren

Um Ihnen einmal falsches Delegationsverständnis zu verdeutlichen, soll folgendes Negativbeispiel dienen: Eine Mitarbeiterin einer großen Altenwohn- und Pflegeeinrichtung übernahm – zusätzlich zu ihren alltäglichen Aufgaben – Betriebsratsaufgaben. Die Situation in der Einrichtung war insgesamt kritisch. Eine durch massiven Personalabbau und hohe Krankenstände ausgelöste hohe Ar-

beitsbelastung sowie eine nicht befriedigende Führungs-
situation wirkten sich sehr nachteilig auf die Stimmung
und die Motivation unter den Mitarbeitern aus. In einer
morgendlichen Besprechungsrunde wurde die genannte
Mitarbeiterin von der Pflegedienstleitung aufgefordert,
*nun als Betriebsrat doch endlich mal die Mitarbeiter zu
motivieren*. In diesem Fall handelte es sich zweifelsfrei um
ein falsches Delegationsverständnis. *Führung* und die Verantwortung für die Motivation von Mitarbeitern sind
nicht delegierbar.

An wen kann ich welche Aufgabe delegieren?

Am Anfang steht die Analyse. Bevor Sie eine Aufgabe delegieren können, sollten Sie prüfen, welcher Mitarbeiter
über die beste fachliche Qualifikation und die größte Motivation für die Aufgabe verfügt. Weitere Kriterien für die
Auswahl des richtigen Mitarbeiters sind beispielsweise die
aktuelle Auslastung, Wachstums- und Entwicklungschan-
cen durch die übertragene Aufgabe sowie die Entschei-
dungskompetenz des Mitarbeiters. Die nachfolgende
Checkliste kann Sie dabei unterstützen, den richtigen Mitarbeiter für die richtige Aufgabe auszuwählen.

Checkliste: Der richtige Mitarbeiter für die richtige Aufgabe

Aufgabe	MA 1	MA 2	MA 3	MA 4
Qualifikation				
Auslastungsgrad				
Wachstums- und Entwicklungspotenzial durch das Erledigen der Aufgabe				
Entscheidungskompetenz				
Ergebnis				

Wie behalte ich den Überblick?

Ein wichtiges Kriterium für erfolgreiches Delegieren ist, den Überblick über die delegierten Aufgaben zu behalten. Dies gelingt Ihnen am besten, indem Sie mit Ihren Mitarbeitern vereinbaren, dass diese Sie kurz und prägnant per E-Mail, z. B. in Form eines Wochenberichtes, über den aktuellen Stand ihrer Aufgaben informieren. So sind Sie jederzeit in der Lage, auch Anfragen Dritter kompetent zu beantworten. Ein einfaches Beispiel für einen Wochen-bericht gibt Ihnen die nachfolgende Checkliste.

Checkliste: Wochenbericht zum aktuellen Stand der delegierten Aufgaben

Aufgabe	Mitarbeiter	Was läuft gut, ist schon erledigt?	Wo gibt es Probleme/ Verzöger-ungen?	Maßnahmen

Die delegierten Aufgaben schriftlich festzuhalten, hilft Ihnen nicht nur, den Überblick zu behalten, sondern unterstützt auch die Konkretisierung des Arbeitsauftrages. Denken Sie immer daran, je präziser der Arbeitsauftrag und die zu erreichenden Teilziele sind, desto klarer sind sie für den Mitarbeiter und desto näher sind sie am gewünschten Ergebnis. Außerdem bildet das Protokoll die Grundlage für die Kontrolle der Arbeitsergebnisse. Das nachfolgende Dokument ermöglicht Ihnen eine einfache Dokumentation Ihrer Delegationsgespräche.

Checkliste: Delegationsgespräche

Dokumentation zur Delegation	
Anlass:	
Gesprächspartner:	
Ort:	Datum, Uhrzeit:
Welche Aufgaben sollen delegiert werden:	
Welches Ergebnis wird angestrebt:	
Welche Unterstützungsmaßnahmen sind erforderlich:	
Welche Schwierigkeiten sind zu erwarten:	
Welche Vorschriften sind zu beachten:	
Vereinbarter Zeitrahmen:	
Zwischenfeedback:	
Kriterien der Erfolgskontrolle:	
_____ Unterschrift Führungskraft	_____ Unterschrift Mitarbeiter/in

Wie delegiere ich mitarbeitergerecht?

Um beurteilen zu können, welchem Mitarbeiter Sie idealerweise welche Aufgabe geben können, hat sich das folgende Modell (s. Abb. 6) bewährt. Das Modell soll Ihnen als Richtschnur dienen, bei Delegationsfragen die richtige Entscheidung zu treffen. Wenn Sie mit diesem Modell arbeiten, bedenken Sie bitte, dass es ein Modell ist, also ein Versuch, die Wirklichkeit vereinfacht und v. a. verständlich darzustellen.

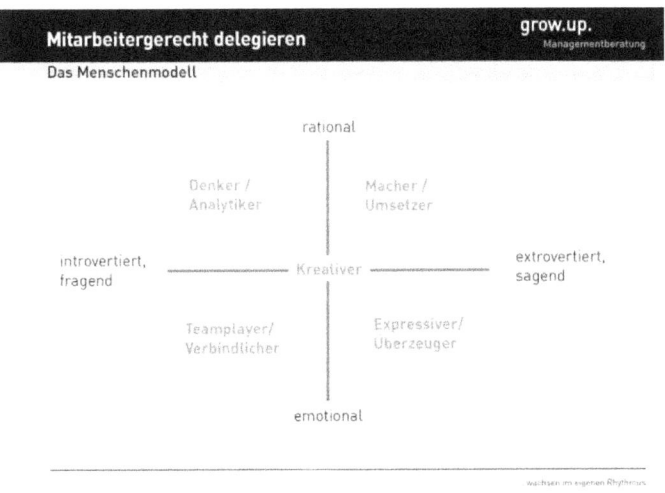

Abb. 6: Das Menschenmodell

Ausgangspunkt des Modells sind die beiden Persönlichkeitsdimensionen

Rational versus emotional
und
Introvertiert versus extrovertiert.

Die Dimension rational vs. emotional beschreibt, wie wir Entscheidungen treffen. Ein rationaler Menschentyp trifft eher sachlich/fachliche Entscheidungen (mit dem Kopf). Ein emotionaler Menschentyp eher gefühlsgeleitet/menschenorientiert Entscheidungen (mit dem Bauch). Die zweite Dimension, introvertiert vs. extrovertiert beschreibt die Art, wie wir auf unsere äußere und innere Erfahrungswelt reagieren. Introvertierte Menschen verhalten sich eher ruhig, zurückhaltend, nachdenklich und beobachtend, während extrovertierte Menschen eher gesprächig, sich einbringend, auffallend und gesellig erscheinen. Aus diesen beiden Dimensionen ergeben sich vier unterschiedliche Persönlichkeitstypen:

Der Analytiker oder Denker
ist eine zurückhaltende und ruhige Person, die sehr sachlich und analytisch vorgeht und großes Interesse an der Aufgabe zeigt. Er liebt es, den Dingen auf den Grund zu gehen – Neugierde ist dabei eine seiner stärksten Antreiber. Er möchte wissen, was die Welt im Innersten zusammenhält. Er arbeitet gerne in Ruhe und alleine vor sich hin. Sein Arbeitsstil ist durch eine hohe Präzision und Klarheit geprägt. Sein Motto lautet: *Erst denken, dann handeln!* oder *Tatsachen sind nun einmal Tatsachen!* Gerne arbeitet er detailorientiert und ist dabei sehr ausdauernd. Veränderungen empfindet er eher als störend. Er spricht ungern über persönliche Dinge und legt keinen großen Wert auf Geselligkeit. Dieser Persönlichkeitstyp wünscht sich von Ihnen als Führungskraft klare Anweisungen und Instruktionen und die Zeit, ihm auch differenzierte Fachfragen zu beantworten.

Der Macher oder Umsetzer

besitzt ein hohes Maß an Selbstvertrauen und liebt Herausforderungen und Veränderungen. Bedingt durch seine hohe Handlungs- und Ergebnisorientierung investiert er viel Zeit in seine Arbeit. Er gibt gerne vor, was zu tun ist, und will am liebsten jede Minute produktiv nutzen. Sein Motto lautet: *Nicht reden, sondern handeln!* Er kann andere zum Handeln antreiben und etwas bewegen. Dieser Typ wünscht sich von Ihnen als Führungskraft, die Dinge ohne Umschweife beim Namen zu nennen sowie eine Unterweisung, die sich auf das Wesentliche und nicht auf Einzelheiten konzentriert. Er braucht einen gewissen Handlungs-, Gestaltungs- und Entscheidungsspielraum, um sich entfalten zu können und volle Leistung zu zeigen.

Der Teamplayer oder Verbindliche

wirkt nachdenklich, handelt besonnen und überlegt. Er legt viel Wert auf persönliche Beziehungen. Er ist gerne Teil eines Teams. Sein Motto lautet: *Wir sitzen alle in einem Boot* oder auch: *Einer für alle, alle für einen*. Er besitzt eine hohe Sensibilität und nimmt viel Rücksicht auf die Bedürfnisse anderer. Der Teamplayer bevorzugt eine ruhige und entspannte Arbeitsatmosphäre. Er arbeitet lieber an der Verbesserung von Bestehendem als an der Einführung von Neuem. Der Teamplayer wünscht sich von Ihnen als Führungskraft, dass Sie sein Interesse an Menschen und seinen Wunsch nach einem harmonischen Arbeitsklima berücksichtigen.

Der Expressive oder Überzeuger

arbeitet gerne mit anderen Menschen zusammen und will diese von seinen Ideen überzeugen. Ihm ist es wichtig, von anderen akzeptiert zu werden und bei seinen Kollegen beliebt zu sein. Er sucht die Gesellschaft anderer und braucht sie auch. Der Expressive strahlt Optimismus und Zuversicht aus. Er hat die Fähigkeit, andere zu motivieren und zu begeistern. Er ist ideenreich, kreativ und innovativ. Ausdauer, Beständigkeit und Konzentration hingegen zählen nicht zu seinen Stärken. Von Ihnen als Führungskraft erwartet dieser Persönlichkeitstyp eine direkte Ansprache, die sein Interesse an Menschen berücksichtigt. Es ist wichtig, seine Energie und sein Engagement zu kanalisieren, zu strukturieren und auf das Ziel auszurichten. Dem Initiator sollten idealerweise Aufgaben übertragen werden, für die eine hohe Kontaktorientierung und Verhandlungsgeschick nötig sind.

Im Folgenden erhalten Sie einen Überblick, was Sie im Delegationsgespräch mit den jeweiligen Persönlichkeitstypen genau beachten sollten.

Analytiker/Denker

Bevorzugte Aufgaben:
Aufgaben, die kritisch-analytisches Denken, Detailtiefe, Präzision und Ausdauer erfordern

- Bereiten Sie sich gut auf das Delegationsgespräch vor und strukturieren Sie es
- Erkennen Sie sein Expertenwissen an
- Sagen Sie dem Mitarbeiter, dass Sie sich aufgrund seines Expertenwissens dafür entschieden haben, gerade ihm diese Aufgabe zu übertragen
- Betonen Sie seine Qualität und Verlässlichkeit
- Geben Sie klare Anweisungen und treffen Sie klare Vereinbarungen
- Nehmen Sie sich genügend Zeit, um dem Mitarbeiter Fachfragen beantworten zu können
- Beantworten Sie ihm diese Fragen nicht ungenau oder lässig
- Verdeutlichen Sie dem Mitarbeiter Sinn und Zweck des Arbeitsauftrages
- Bleiben Sie sachlich und beim Thema

Macher/Umsetzer

Bevorzugte Aufgaben:
Aufgaben, die einen gewissen Gestaltungs- und Entscheidungsspielraum haben; Aufgaben, die eine hohe Handlungs- und Ergebnisorientierung fordern

- Formulieren Sie klare Anforderungen und Ansagen
- Übertragen Sie ihm explizit Verantwortung
- Verdeutlichen Sie den Sinn/Nutzen der Aufgabe
- Verdeutlichen Sie den Nutzen für ihn
- Nennen Sie die Dinge beim Namen
- Kommen Sie schnell zum Punkt und verlieren Sie sich nicht in Einzelheiten oder Small Talk
- Bei Rückfragen geben Sie kurze, prägnante Antworten
- Betonen Sie das gewünschte Ergebnis
- Bieten Sie ihm Wahlmöglichkeiten, wie er die Aufgabe erfüllen kann
- Demonstrieren Sie Entschlossenheit

Teamplayer/Verbindlicher

Bevorzugte Aufgaben:
Aufgaben, mit dem Ziel der Optimierung von bereits Bestehendem; Aufgaben, die ein hohes Maß an Teamarbeit erfordern

- Sprechen Sie leise und entspannt
- Treten Sie nicht zu forsch oder fordernd auf
- Lassen Sie den Mitarbeiter unbedingt ausreden
- Kommunizieren Sie offen und ehrlich
- Gewinnen Sie sein Vertrauen
- Geben Sie dem Mitarbeiter einen überschaubaren Rahmen und klare Strukturen
- Legen Sie die ersten Schritte gemeinsam mit dem Mitarbeiter fest
- Bieten Sie dem Mitarbeiter Ihre Unterstützung an
- Hören Sie aufmerksam zu
- Gehen Sie auf Bedenken des Mitarbeiters ein

Expressiver/Überzeuger

Bevorzugte Aufgaben:
Aufgaben, die ein hohes Maß an Ideenreichtum, Kreativität und/
oder eine hohe Kontaktorientierung und Verhandlungsgeschick ver-
langen

- Sprechen Sie ihn auf der persönlichen Ebene an, die Bezieh-
  ungsebene ist für diesen Mitarbeiter entscheidend
- Geben Sie ihm Raum für seine Ideen
- Machen Sie dem Mitarbeiter das Ziel/gewünschte Ergebnis
  bewusst
- Kanalisieren Sie sein Engagement und richten Sie es auf das Ziel
  aus
- Verwenden Sie eine positive Sprache
- Visualisieren Sie Vereinbartes
- Geben Sie dem Gespräch Struktur
- Machen Sie konkrete Zeitvorgaben
- Schaffen Sie eine hohe Verbindlichkeit in den getroffenen Ab-
  sprachen

Vertrauen ist gut, Kontrolle ist besser

Kontrolle ist eine wesentliche, nicht delegierbare Führ-
ungsaufgabe. Sie umfasst sowohl einen Soll-Ist-Abgleich
zwischen dem eigentlichen Arbeitsauftrag und der tat-
sächlichen Aufgabenerfüllung, als auch die Ableitung von
entsprechenden Korrekturmaßnahmen sowie das Überprüfen, ob die verabschiedeten Maßnahmen auch tat-
sächlich greifen. Ziel dabei ist, einen beständigen Opti-
mierungsprozess aufrecht zu erhalten. Kontrolle ist also
ein wesentlicher Bestandteil des Delegationsprozesses.

Das Problem dabei ist häufig nicht die Kontrolle an sich,
sondern meist vielmehr die Art und Weise, wie sie von
Vorgesetzten im Führungsalltag umgesetzt wird. Zu eng-

maschige, kleinliche Kontrollen können schnell das zu Nichte machen, was Sie zuvor mit guten Absichten durch Ihr Delegationsverhalten aufgebaut haben. Denken Sie daran, Ihre Mitarbeiter ihren eigenen Lösungsweg finden zu lassen. Bei einer zu kurzen Leine verlieren diese schnell die Motivation und Sie unnötig Sympathiepunkte.

Wie kann ich meine Delegation optimieren?

Mit Delegation entlasten Sie sich als Führungskraft nicht nur selbst, Delegation kann und soll auch einen Lernanreiz für Ihre Mitarbeiter haben. Zum Lernen gehört Rückmeldung, also Kontrolle und eine Besprechung der Arbeitsergebnisse im Sinne eines Feedbackgesprächs. Dies gibt den Mitarbeitern Gelegenheit, die eigene Vorgehensweise und das eigene Arbeitsverhalten zu reflektieren und selbst Verbesserungsmöglichkeiten zu erkennen. Als Führungskraft erhalten Sie einen besseren Überblick über die Kompetenzen des Mitarbeiters und über die Bereiche, in denen noch weitere Unterstützung und Qualifizierung erforderlich ist. Gleichzeitig erhalten Sie mit den Arbeitsergebnissen auch ein Feedback zu Ihrem eigenen Führungs-, Delegations- und Unterstützungsverhalten: Welche Fehler hätten Sie durch ein anderes Vorgehen bei Ihrer Delegation verhindern können?

Die folgende Checkliste soll Ihnen helfen Optimierungspotenziale in Ihrem bisherigen Delegationsverhalten zu identifizieren und Anregungen für Verbesserungen geben.

Checkliste: Optimierte Delegation

Fragen Sie sich ...	ja	nein
habe ich früh genug delegiert?		
habe ich meine Unterstützung angeboten?		
habe ich genügend Termine z. B. für Zwischenfeedback vereinbart?		
habe ich Qualitäts- und Erfolgskriterien transparent gemacht?		
habe ich alle notwendigen Informationen (Zusammenhänge, größere Ziele, usw.) weitergegeben?		
habe ich den Zugang zu allen notwendigen Ressourcen ermöglicht?		
habe ich den Entscheidungsrahmen festgelegt?		
habe ich eine Vereinbarung getroffen, dass bei Problemen eine frühzeitige Meldung erfolgt?		
habe ich Feedback gegeben?		
habe ich genügend attraktive Aufgaben delegiert?		
habe ich genügend anspruchsvolle Aufgaben delegiert?		
waren die delegierten Aufgaben zu anspruchsvoll?		
habe ich die Vorschriften für die Erledigung der Aufgabe erläutert?		
habe ich eine Rückdelegation vermieden?		
habe ich zwischendurch die Nerven verloren und meinem Mitarbeiter dazwischen gefunkt?		
habe ich die Aufgabe wirklich nur an eine Person delegiert?		
habe ich alle sich verändernden Prioritäten weitergeleitet?		
habe ich fortlaufend kontrolliert und Feedback gegeben?		

Das idealtypische Delegationsgespräch

Im folgenden Abschnitt finden Sie ein Beispiel für ein idealtypisches Delegationsgespräch. In diesem delegiert die Führungskraft (FK) die Aufgabe der Erstellung eines Reisekostenberichts der Außendienstmitarbeiter an ihren Mitarbeiter (MA). Eine solche Delegationssituation ist häufig im Alltag zu finden und bietet, trotz der augenscheinlichen Einfachheit, einige Stolperfallen, die beachtet werden müssen.

FK: Guten Tag Herr Müller. Vielen Dank, dass Sie kurz Zeit haben. Wie geht es Ihnen? (1)

MA: Hallo Herr Beumer, kein Problem. Ach, soweit ganz gut.

FK: Das freut mich. Wie steht es im Moment um Ihre Arbeitslast? Ich bräuchte Ihre Unterstützung bei der Erstellung eines Berichts in Form einer Powerpoint-Präsentation bis nächste Woche Mittwoch. Um zehn Uhr muss ich die Präsentation halten. Sie hatten vor zwei Monaten schon einmal eine Präsentation für mich erstellt. Die war wirklich auf den Punkt und ich musste kaum etwas ändern. Daher würde ich mich sehr freuen, wenn Sie mich auch dieses Mal unterstützen. (2)

MA: Das ist aber nett, danke! Naja, gerade sitze ich noch an den Lohnabrechnungen für letzten Monat. Die müssten schon noch fertig werden …

FK: Okay, das ist kein Problem. Wie lange brauchen Sie dafür ungefähr noch? (3)

MA: Ich denke, dass ich entweder heute noch, spätestens aber morgen Mittag damit fertig bin. Dann müssen die Überweisungen ja auch raus.

FK: Alles klar, also könnten Sie mit meiner Aufgabe morgen Mittag beginnen? (4)

MA: Genau.

FK: Gut! Ich habe am Mittwoch um 10 Uhr einen Termin bei der Geschäftsführung und muss unsere gestiegenen Reisekosten präsentieren. Ziel des Meetings ist es, im Anschluss an die Präsentation Maßnahmen zur Senkung der Reisekosten zu erarbeiten. Ich möchte Sie daher bitten, die Reise- und Hotelkosten unserer Außendienstmitarbeiter von 2010 bis 2014 in einer Powerpoint-Präsentation grafisch aufzubereiten und kurz zu erläutern, wie sich diese Kosten in den letzten Jahren entwickelt bzw. verändert haben. Hierzu reichen zwei bis drei aussagekräftige Stichpunkte pro Grafik. Da ich davon ausgehe, dass die gestiegenen Kosten hauptsächlich aus Umsatzsteigerungen resultieren, stellen Sie den Reise- und Hotel-Kosten am besten noch die Umsatzentwicklung im genannten Zeitraum gegenüber. Verstehen Sie? (5)

MA: Okay. Also ziehe ich aus dem System die aktuellen Zahlen der letzten vier Jahre, inklusive den Umsätzen, bilde das einmal grafisch in einer Präsentation ab und fasse die zentralen Ergebnisse nochmals in Stichpunkten zusammen? Ich hatte ehrlich gesagt auch schon einmal über die Reisekosten nachgedacht und da sind mir ein paar Verbesserungsvorschläge eingefallen... Hm, ... – Ich bin mir nur nicht ganz sicher, ob ich auf die Daten überhaupt Zugriff habe. Die IT erreicht man ja auch nicht immer ... (6)

FK: Genau. Und Sie wissen ja, so wenig Charts wie möglich, so viele wie nötig, maximal aber fünf bis sechs. Ach, wirklich, Sie haben schon konkrete Ideen, wie wir hier ein paar Einsparungen erzielen können? Das ist ja super. Dann fügen Sie doch gerne Ihre Vorschläge unter mögliche Maßnahmen der Reduktion von Reisekosten als Extra-Folie hintendran. Da schaue ich vor dem Termin gerne mal drüber und ergänze sie mit meinen Überlegungen. Vielen Dank! Und wegen des Zugriffs auf die Kosten und Umsatzzahlen: Ich kümmere mich darum, dass Sie bis spätesten morgen Mittag die Zugriffsberechtigung auf die erforderlichen Kennzahlen haben – okay? (7)

MA: Gerne! Dann schicke ich Ihnen am Montag einen Zwischenstand der Präsentation mit den Vorschlägen.

FK: Super. Es ist wirklich wichtig, dass ich die Präsentation am Dienstagabend um 18 Uhr habe. Dann kann ich sie nochmals in Ruhe durchgehen für Mittwoch. Passt das bei Ihnen von der Kapazität? Heute ist Donnerstag; Sie hätten also knapp drei Tage Zeit dafür. (8)

MA: Das werde ich schaffen.

FK: Zu meiner Erreichbarkeit, ich bin die nächsten Tage im Hause und Sie können bei Fragen jederzeit auf mich zukommen. Es wäre gut, wenn Sie mir bei Problemen spätestens morgen vor Feierabend Bescheid geben, damit ich Sie dann am Montag unterstützen kann. Wenn Sie keine Fragen haben und eher fertig sind, schicken Sie mir die Präsentation ruhig schon zu. (9)

MA: Wenn ich Fragen haben sollte, melde ich mich, danke. Aber ich denke, das wird nicht nötig sein, der

Arbeitsauftrag ist klar. Spätestens Dienstagabend bekommen Sie die Präsentation von mir.

FK: Vielen Dank Herr Müller. Bis später! (10)

Gesprächsanalyse

Dieses Gespräch enthält einige Stolperfallen, die unsere Beispiel-Führungskraft erfolgreich gemeistert hat. Mit Hilfe der Nummerierung können Sie die Analyse des Gespräches nachvollziehen. Haben Sie die kritischen Stellen erkannt?

(1)   Die Führungskraft begrüßt den Mitarbeiter freundlich, fragt nach seinem Befinden und holt den Mitarbeiter emotional ab.

(2)   Die Führungskraft fragt nach der Auslastung des Mitarbeiters und umreißt direkt den zu delegierenden Auftrag. Gleichzeitig bringt sie dem Mitarbeiter Wertschätzung entgegen und erklärt, warum sie ausgerechnet diesen Mitarbeiter für die Aufgabe ausgesucht hat.

(3)   Die Führungskraft lässt dem Mitarbeiter den Raum, seine aktuellen (wichtigen) Aufgaben zu Ende zu bringen und fragt, wann diese erledigt sind.

(4)   Die Führungskraft versichert sich nochmals, dass der Mitarbeiter zu dem vereinbarten Termin beginnen kann.

(5)   Die Führungskraft erklärt dem Mitarbeiter detailliert, worum es bei der Aufgabe geht, was der Rahmen ist und worauf die Aufgabe abzielt (höheres Ziel) und

versichert sich, ob der Mitarbeiter den Arbeitsauftrag richtig verstanden hat.

(6) Der Mitarbeiter bekommt den Raum, die Aufgabe nach seinem Verständnis nochmals wiederzugeben und merkt bereits von sich aus an, dass er eventuell nicht alle Ressourcen hat, um den Auftrag zu erledigen.

(7) Die Führungskraft gibt dem Mitarbeiter die Möglichkeit, seine eigenen Ideen einzubringen und fördert dadurch die Motivation und Eigenverantwortung des Mitarbeiters. Die Führungskraft stellt persönlich sicher, dass der Mitarbeiter alle nötigen Ressourcen für den Auftrag hat, indem sie sich um den IT-Zugang bzw. die Zugriffsrechte auf die notwenigen Daten kümmert.

(8) Die Führungskraft erklärt dem Mitarbeiter die Dringlichkeit der Aufgabe und nennt nochmals die einzuhaltenden Abgabetermine.

(9) Die Führungskraft ist als Ansprechpartner für den Mitarbeiter erreichbar und bittet bei Problemen um ein Zwischenfeedback. Einerseits um den Mitarbeiter zu unterstützen, andererseits, um notfalls einschreiten zu können, wenn die fristgerechte Aufgabenerfüllung gefährdet ist.

(10) Die Führungskraft bedankt sich bei dem Mitarbeiter und verabschiedet sich freundlich.

Die häufigsten Delegationsfehler

Delegation sollte stets zu einer Entlastung Ihrerseits und einer erhöhten Motivation Ihrer Mitarbeiter führen. Doch oftmals wird durch Fehler im Delegationsprozess das Gegenteil erreicht. Das Resultat ist ein – meist für beide Seiten – erhöhter Zeitaufwand sowie Demotivation auf der Seite Ihres Mitarbeiters. In diesem Kapitel möchten wir Ihnen einige der häufigsten Delegationsfehler vorstellen.

Sie missachten die Ängste und Bedenken Ihrer Mitarbeiter

Sollten Sie innerhalb des Delegationsgespräches von Ihrem Mitarbeiter Aussagen wie: „Ich bin mir nicht ganz sicher, ob ich das schaffe", „Ich habe bis jetzt noch nie…" oder „Ich weiß nicht genau, wie…" hören, muss Ihr inneres Alarmsignal läuten. Die Einwände Ihres Mitarbeiters sollten Sie auf keinen Fall ignorieren, nicht übergehen oder sie gar wegdiskutieren. Wenn Sie merken, dass Ihr Mitarbeiter Ängste oder Bedenken bei der Aufgabe hat, die Sie ihm übertragen möchten, so nehmen Sie ihn stets ernst und fragen Sie nach:

- „Wobei genau haben Sie Bedenken?"

- „Ist Ihnen die Aufgabe noch unklar? – Welche Informationen brauchen Sie noch?"

- „Können Sie konkret beschreiben, wo genau Sie sich unsicher sind bei der Aufgabe?"

- „Warum sind Sie der Meinung, die Zeit würde nicht ausreichen?"

Erklären Sie dem Mitarbeiter, dass Sie ihm als Ansprechpartner zur Verfügung stehen und erläutern Sie wertschätzend, warum sie davon überzeugt sind, dass genau er für diese Aufgabe der Richtige ist. Schließen Sie das Gespräch immer mit einer verbindlichen Vereinbarung ab und drücken Sie Ihre Wertschätzung und Ihr Vertrauen aus. So holen Sie sich das *JA* des Mitarbeiters zur Sache und er gewinnt an Selbstvertrauen.

Sie erzeugen künstlich (noch) mehr Druck auf den Mitarbeiter

Wenn Sie einem Mitarbeiter Ihr Vertrauen zur Erledigung bestimmter Aufgaben aussprechen, so erhöht dies einerseits den Druck auf den Mitarbeiter, Sie als seine Führungskraft nicht enttäuschen zu wollen. Andererseits motiviert es, da er dem Vertrauensvorschuss auch gerecht werden will. In dem Delegationsgespräch sollten Sie jedoch nicht (noch) mehr Druck erzeugen, indem Sie beispielsweise mitteilen: „Diese Aufgabe ist essentiell wichtig für uns", „Sie müssen sich der Sache sofort annehmen, sonst …", „Außer Ihnen kann das keiner" oder „Von der Erledigung der Aufgabe hängt alles ab". Achten Sie im Gespräch darauf, dass Sie darauf eingehen, warum Sie ihn ausgewählt haben und warum Sie denken, dass er mit seinen Fähigkeiten und Fertigkeiten diese Aufgabe gut erledigen können wird. Unterstützen Sie bei dringenden Aufgaben und vermeiden Sie Aussagen, die auf Seiten des Mitarbeiters Druck aufbauen könnten.

Sie würdigen das Engagement Ihrer Mitarbeiter zu wenig

Oft werden Aufgaben an Mitarbeiter delegiert mit dem Zusatz: „Ach, Sie packen das schon", „Das bekommen Sie schon irgendwie hin" oder „Das ist doch keine große

Sache". Leider sind das nur Floskeln, die Ihren Mitarbeiter in keiner Weise zu motivieren vermögen. Wenn Sie Aufgaben delegieren, sollten Sie auf ehrliche Weise konkrete Kenntnisse oder Fähigkeiten würdigen und mitteilen, warum Sie der Meinung sind, dass die delegierte Aufgabe gut zu dem jeweiligen Mitarbeiter passt.

Sie delegieren zu spät

Der Termin für die Abgabe des Geschäftsberichts ist bereits morgen und Sie sind noch nicht fertig mit den Auswertungen. Also delegieren Sie diese Aufgabe schnell an einen Mitarbeiter, denn Sie haben ja ohnehin genug zu tun.

Kommt Ihnen diese Situation bekannt vor? Gerade bei zeitlichen Engpässen neigen Führungskräfte dazu, Aufgaben zu delegieren, um den Kopf für andere Dinge frei zu machen. Oft wird jedoch das Gegenteil erreicht, denn, wie bereits angesprochen, braucht ein sinnvoller Delegationsprozess Zeit und beinhaltet eine oder mehrere Feedbackschleifen. Nur so können Sie sicherstellen, dass Ihr Mitarbeiter ein Arbeitsergebnis präsentieren kann, welches für beide Seiten gewinnbringend ist. Gewöhnen Sie sich an, Aufgaben frühzeitig zu delegieren und planen Sie genug Zeit ein, um zur Not korrigierend eingreifen oder selbst wieder übernehmen zu können. Denn trotz aller Delegation ist die Verantwortung für das Endergebnis nicht delegierbar.

Sie bauen keine (oder zu wenig) Feedbackschleifen ein

Feedback ist nicht dasselbe wie Kontrolle. Kontrollieren Sie Ihre Mitarbeiter, so verunsichern Sie sie. Besprechen Sie also bereits zu Beginn der Aufgabendelegation, wann

Sie sich ein Zwischenfeedback seitens des Mitarbeiters wünschen, um seine Ergebnisse anzusehen und zu besprechen. Somit erhöhen Sie die Chance eines positiven Endergebnisses auf beiden Seiten.

Sie teilen keine (oder unkonkrete) Termine für die Erledigung von Aufgaben mit

Wenn Sie eine Aufgabe an einen Mitarbeiter delegieren, sollte ihm klar sein, bis wann die Aufgabe spätestens erledigt sein muss. Sprechen Sie hierzu konkrete Abgabe- und Zwischentermine ab und halten Sie diese auch schriftlich fest. Berücksichtigen Sie bei den Terminen auch immer die aktuelle Auslastung Ihres Mitarbeiters.

Sie definieren keine Qualitäts- oder Erfolgskriterien

Damit Ihr Mitarbeiter befähigt wird, selbstständig zu prüfen, ob er Ihren Arbeitsauftrag gut erledigt hat, sollten Sie nach Möglichkeit Qualitäts- oder Erfolgskriterien definieren. Hierbei können Sie qualitative und/oder quantitative Kriterien mit dem Mitarbeiter gemeinsam festlegen. Nur so können Sie sicherstellen, dass Sie auch das gewünschte Ergebnis erhalten. Überlegen Sie daher bei der Vorbereitung der Delegation:

- Welche Standards gibt es im Unternehmen?

- Welche Qualitätsstandards/-kriterien müssen erfüllt und gesichert werden? Welche können flexibler umgesetzt werden?

- Was muss der Mitarbeiter beachten?

- In welcher Zeit muss was erledigt sein?

Sie verteilen zusammenhangslose Aufgaben, nur um sich selbst zu entlasten

Wenn Sie die Motivation Ihrer Mitarbeiter für die von Ihnen delegierten Aufgaben erhalten möchten, sollten Sie darauf achten, dass Sie *sinnvolle* und zusammenhängende Aufgabenpakete verteilen. Sobald Ihre Mitarbeiter merken, sie bekommen nur Aufgaben von Ihnen, weil diese Ihnen zur Last fallen und nicht, weil Sie sie weiter befähigen und entwickeln wollen, wird deren Motivation für die Erledigung der Aufgaben sinken und damit Ihre Arbeitslast als Führungskraft für die Überprüfung der delegierten Aufgaben steigen.

Sie verteilen zwar Aufgaben, aber nicht die dazugehörigen Kompetenzen und Weisungsbefugnisse

Um Ihre Aufgabe erfolgreich zu erledigen, benötigen Ihre Mitarbeiter mehr als nur das Delegationsgespräch. Es muss sichergestellt sein, dass sie über die notwendigen Kompetenzen und etwaigen Weisungsbefugnisse verfügen. Es liegt also an Ihnen als Führungskraft, entsprechende Vorbereitungen zu treffen und Ihre Mitarbeiter anhand ihrer Kompetenzen so einzuschätzen, dass Sie genau wissen, an wen Sie was delegieren können.

Sie haben nicht sichergestellt, dass alle Informationen bei Ihrem Mitarbeiter angekommen sind

Um eine hohe Anzahl von Rückfragen sowie eine Rückdelegation zu vermeiden, sollten Sie bereits im Delegationsgespräch alle Fragen des Mitarbeiters klären. Stellen Sie durch gezieltes Nachfragen sicher, dass Ihrem Mitarbeiter die Aufgabe klar und verständlich ist und lassen Sie sich ruhig noch einmal den Auftrag so, wie ihn Ihr Mitarbeiter verstanden hat, erläutern. Ermuntern Sie ihn dazu, selbst aktiv nachzufragen, z. B. indem sie ihm offene Fragen wie: „Was brauchen Sie noch von mir für die Erledigung der Aufgabe?" oder „Wie werden Sie mit der Erledigung der Aufgabe zurechtkommen?" stellen. Geben Sie Ihren Mitarbeitern ausreichend Zeit, um sich mit der Aufgabe vertraut zu machen und Missverständnisse aus dem Weg zu räumen. Aus diesem Grund sollte ein Delegationsgespräch auf keinen Fall zwischen *Tür und Angel* geführt werden.

Wann ist Delegation keine gute Idee?

Auch wenn Delegation im Idealfall für Sie mehr Zeit für Führung bedeutet, so sollten Sie nicht zwingend jede Aufgabe delegieren. In einigen Fällen ist es besser und sogar notwendig, dass Sie die Aufgabe selbst erledigen.

Sie sollten etwas nicht delegieren, wenn der Auftrag …

- … sensibler und persönlicher Natur ist.

- … ein bestimmtes (Entscheidungs-)Risiko beinhaltet, was unfair gegenüber dem Mitarbeiter wäre.

- … Ihre persönliche Fachkompetenz benötigt.

- … rechtliche Einschränkungen beinhaltet.

- … bereits an Sie persönlich delegiert wurde.

- … strategische Planungen beinhaltet.

- … bereits an einen anderen Mitarbeiter delegiert wurde.

- … Sie als Person benötigt; dazu gehören vor allem Führungsaufgaben.

Sie sollten etwas nicht an Mitarbeiter delegieren, die...

- ... bereits überlastet sind.

- ... bereits andere wichtige Aufgaben bearbeiten, die deren volle Konzentration fordern.

- ... nicht die Zeit haben, die Aufgabe erfolgreich zu bearbeiten.

- ... nicht die Fähig- und Fertigkeiten haben, die Aufgabe erfolgreich zu bearbeiten.

- ... bereits eine ähnliche Aufgabe erfolgreich bearbeitet haben, sofern Sie andere geeignete Mitarbeiter für die Bearbeitung der Aufgabe haben.

Es gibt also eine ganze Reihe von Situationen und Gründen, in denen eine Delegation nicht sinnvoll ist. Generell sollten Sie darauf achten, dass Sie nicht nur unangenehme Aufgaben delegieren, sondern auch ab und zu Aufgaben, die Ihnen zwar Spaß machen, die aber auch Ihre Mitarbeiter erledigen könnten.

Das Delegieren von reinen Teilaufgaben, ohne Zusammenhänge, ist ebenfalls nicht zu empfehlen, da es für Ihre Mitarbeiter wichtig und motivierend ist, zu wissen, warum und wofür sie gerade an einer Aufgabe arbeiten. Versuchen Sie also möglichst ganze Aufgabenkomplexe zu delegieren.

Zu guter Letzt sollten Sie darauf achten, dass Sie nicht immer nur dann delegieren, wenn Ihnen die Zeit wegläuft. Delegieren Sie vorausschauend und immer im Hinterkopf behaltend, dass Sie zur Not noch einspringen könnten – denn Sie als Führungskraft übernehmen nach außen hin die Verantwortung für Ihren Bereich und damit auch für die von Ihnen delegierten Aufgaben.

Welche Vorbehalte Führungskräfte gegenüber ihren Mitarbeitern im Delegationsprozess haben

Führungskräfte beklagen im Delegationsprozess bei Mitarbeitern häufig …

- deren mangelnde Flexibilität. Vor allem Mitarbeitern mit einem starken Bedürfnis nach Struktur und Ordnung fällt es schwer, eine neue Aufgabe anzunehmen und sich darauf einzulassen. Denn hierfür müssen sie ihr gewohntes Fahrwasser verlassen, neu planen und sich neu strukturieren.

- deren vorschnelle Urteile oder Vorurteile. Z. B.: „Die Aufgabe ist zu schwer für mich.", „Die Aufgabe bekomme ich alleine nicht hin.", „Die Aufgabe wurde mir nur übertragen, weil mein Chef darauf keine Lust hat.", etc.

- den Informiertheitsgrad Ihrer Mitarbeiter und diesbezüglich deren Konsumentenhaltung in Bezug auf das aktive und selbstständige Einholen von Informationen. Mitarbeiter verhalten sich in der Wahrnehmung ihrer Führungskräfte häufig passiv, wenn es darum geht, alle notwendigen Informationen, die für eine erfolgreiche Aufgabenbewältigung nötig sind, zu sammeln. Die Haltung *Information ist eine Bringschuld* stößt Führungskraften häufig sauer auf und sie wünschen sich Mitarbeiter, die aktiv in die Verantwortung gehen.

- dass diese häufig vorgeben, den Arbeitsauftrag verstanden zu haben, dies aber nicht oder nur teilweise zutrifft. Aus Sicht vieler Führungskräfte fragen Mitarbeiter aus Angst oder Scham zu spät nach, wenn ihnen die Aufgabenstellung unklar ist.

- deren Perfektionsstreben bzw. Anspruch, den Arbeitsauftrag zu 120 Prozent erledigen zu wollen und dabei Zeit und damit Kosten aus dem Blick zu verlieren.

Welche Vorbehalte Ihre Mitarbeiter möglicherweise im Delegationsprozess haben

Machen Sie beim Delegieren immer alles richtig? Oder machen Sie auch Fehler? Oft ärgern sich auch Ihre Mitarbeiter über einen schlechten Delegationsprozess und zu wenig Vertrauen bei der Aufgabenverteilung. Die nachfolgende Tabelle enthält die gängigsten Vorbehalte von Mitarbeitern und Anregungen, wie Sie als Führungskraft diesen jeweils gezielt entgegenwirken bzw. im Vorfeld antizipieren können.

Vorbehalte von Mitarbeitern	Wie Sie dem entgegenwirken
Der Mitarbeiter hat Angst vor der neuen Aufgabe; Zweifel oder ist verunsichert.	Nehmen Sie die Befürchtungen Ihres Mitarbeiters ernst. Versuchen Sie die Gründe für seine Befürchtungen herauszufinden. Fragen Sie, wo und warum er in bestimmten Punkten eine Herausforderung/ein Problem sieht und wie diese gemeinsam gelöst werden können. Drücken Sie Ihr Vertrauen in seine Fähigkeiten aus.
Der Mitarbeiter wird zu lange mit dem Auftrag alleine gelassen und anschließend kritisiert.	Vereinbaren Sie bereits im Vorfeld Feedback- und Abgabetermine, um den Rahmen abzustecken sowie Gütekriterien für das Ergebnis festzulegen. Geben Sie unbedingt differenziertes und spezifisches Feedback, um den Lerneffekt für ihn zu erhöhen.

Vorbehalte von Mitarbeitern	Wie Sie dem entgegenwirken
Der Mitarbeiter fühlt sich kontrolliert.	Indem Sie gemeinsam mit ihm die gewünschten Ergebnisse mit festen Zwischenfeedback-Terminen festlegen, geben Sie ihm den nötigen Freiraum, um sich zu verwirklichen und die nötige Kontrolle, um den Projekterfolg zu sichern.
Der Mitarbeiter weiß nicht, worauf er bei der Aufgabenerfüllung achten muss.	Nur wenn Ihr Mitarbeiter im Vorfeld weiß, worauf es bei der Aufgabe ankommt und woran sie erkennen können bzw. messen, ob der Auftrag erfolgreich abgeschlossen wurde, kann effektiv an der Aufgabe gearbeitet werden.
Der Mitarbeiter kommt nicht weiter und weiß nicht, wen er fragen soll.	Wenn Sie eine Aufgabe delegieren, müssen Sie sicherstellen, dass Sie in der Zwischenzeit für Fragen des Mitarbeiters zur Verfügung stehen.
Der Mitarbeiter fühlt sich für gute Leistungen nicht (ausreichend) belohnt.	Wenn Ihr Mitarbeiter eine delegierte Aufgabe erfolgreich abgeschlossen hat, sollten Sie ihn belohnen. Dabei kommt es nicht auf materielle Belohnung an, sondern vielmehr darauf, ihm (Entwicklungs-)Perspektiven aufzuzeigen. Belohnen Sie ihn beispielsweise durch eine weitere, anspruchsvollere und verantwortungsvollere Aufgabe und zeigen ihm somit – sofern von ihm gewünscht – Ihre Anerkennung und Ihr Vertrauen.
Der Mitarbeiter bekommt nicht nur das Aufgabenergebnis, sondern auch den exakten Weg, wie er das Ergebnis erreichen soll, diktiert.	Wenn Sie auf sog. *Mikro-Management* setzen, frustrieren Sie Ihre Mitarbeiter. Setzen Sie passende Rahmenbedingungen, Abgabefristen und Feedbacktermine, aber lassen Sie sie selbstständig die übertragenen Aufgaben bearbeiten.

Vorbehalte von Mitarbeitern	Wie Sie dem entgegenwirken
Der Mitarbeiter fühlt sich zu Unrecht kritisiert.	Wenn Sie mit der Bearbeitung eines Auftrags unzufrieden sind, achten Sie darauf, Ihrem Mitarbeiter ein konstruktives Feedback zu geben. Sagen Sie, was Sie sich gewünscht hätten und warum. Machen Sie deutlich, dass es Ihnen dabei um die Sache und nicht um ihn als Person geht und zeigen Sie sich wertschätzend für die Annahme der Aufgabe. Zeigen Sie konkrete Verbesserungsmöglichkeiten auf.
Der Mitarbeiter fühlt sich unter Druck gesetzt.	Erzeugen Sie bei der Delegation einer Aufgabe nicht künstlich (noch) mehr Druck. Dieser kann z. B. durch Aussagen wie: „Außer Ihnen kann das keiner erledigen." oder: „Von diesem Ergebnis hängt alles ab." entstehen.
Der Mitarbeiter fühlt sich unter- oder überfordert.	Sicherlich fördert und fordert nicht jede Aufgabe Ihre Mitarbeiter gleich. Es gibt Aufgaben, die von keinem gerne erledigt werden. Doch auch diese gehören im Alltagsgeschäft dazu. Versuchen Sie dennoch, Aufgaben entsprechend der Kompetenzen Ihrer Mitarbeiter zu verteilen und finden Sie ein gesundes Gleichgewicht zwischen einfachen und fordernden Aufgaben.
Der Mitarbeiter ist bereits mit anderen Aufgaben ausgelastet.	Im Alltag ist der Überblick über die aktuellen Auslastungsstände der Mitarbeiter nicht immer gegeben. Fragen Sie im Delegationsgespräch deshalb nach, wie es um die Auslastung steht. Hilfreich sind hier die vorgestellten Delegations-Checklisten, um einen Überblick über die delegierten Aufgaben inkl. der ausführenden Mitarbeiter zu haben.

Durch dieses Buch aus der grow.up.-Reihe *Führung TO.GO.* sollten Sie jetzt einen guten Überblick über das richtige Vorgehen und das richtige Timing beim Delegieren haben. Sie haben gelernt, welchen Mehrwert die richtige Delegation von Aufgaben für Sie aber auch für Ihre Mitarbeiter hat, welche Aufgaben Sie am besten an welchen Mitarbeitertyp delegieren, aber auch welche Aufgaben nicht delegierbar sind.

Darüber hinaus haben Sie einen Einblick in ein idealtypisches Delegationsgespräch bekommen. Sie wissen um mögliche Vorbehalte auf Seiten Ihrer Mitarbeiter und können diese nun gezielt abbauen. Auch wenn es vielleicht an der einen oder anderen Stelle noch Vertiefungsbedarf gibt, so sind Sie doch für das nächste Delegationsgespräch auf alle Fälle gut gerüstet.

Weitere Informationen zu allen Führungsthemen finden Sie unter www.grow-up.de. Abonnieren Sie auch unseren Blog unter blog.grow-up.de. Wir schreiben regelmäßig zu Management-, Führungs- und Personalthemen, heiß diskutierten Tools, wie z. B. Design Thinking, Digitalisierung und vielen weiteren für Sie relevanten und interessanten Themen.

Auch in den sozialen Medien sind wir vertreten. Gerne bleiben wir so mit Ihnen in Kontakt. Unseren YouTube-Kanal finden Sie unter folgendem QR-Code:

  Hier finden Sie **weiterführende Videos.**

Oder besuchen Sie uns auf **Facebook** oder **Instagram**:

Ihre
Rezension

Senden Sie uns Ihre Meinung/Anmerkungen/ Fragen zu unserem Buch entweder per Mail an **lorenz@grow-up.de** oder machen Sie uns die Freude, und hinterlassen Sie uns Ihre Rezension direkt auf amazon.de.

Vielen Dank!

Literaturempfehlungen

Entdecken Sie weitere spannende und hilfereiche Bücher der **grow.up.-Reihe *Führung TO.GO.*** auf amazon.de:

- Junge Generationen wirksam führen, ISBN: 979-8308001089
- Erfolgreiche Führung durch Storytelling, ISBN: 979-8337841717
- Erfolgreiche Führung durch Resilienz und Stressmanagement, ISBN: 979-8328985710
- Wertschätzung als Instrument guter Führung, ISBN: 979-8322682387
- Coachingkompetent als Führungskraft, ISBN: 979-8393644987
- Erfolgreiche Führung mit dem Vierfarben-Modell, ISBN: 978-1540333735
- Erfolgreiche Führung durch Selbstführung, ISBN: 978-1523421688
- Erfolgreiche Führung durch Kommunikation, ISBN: 978-1523423682
- Feedbackkompetenz für Führungskräfte, ISBN: 978-1548914868
- Erfolgreiche Führung durch Motivation, ISBN: 978-1517749477
- Erfolgreiches Verhandeln für Führungskräfte, ISBN: 978-1544271309
- Leadership Culture. Führungskultur verstehen und leben, ISBN: 978-1983590245
- Agilität einfach erklärt, ISBN: 979-8610628653
- Scrum einfach erklärt, ISBN: 979-8619242232
- Design Thinking einfach erklärt, ISBN: 979-8652370466

Die Autoren

 **Michael Lorenz** ist Geschäftsführer der grow.up. Managementberatung GmbH in Gummersbach. Vorher war er langjährig Geschäftsführer und Partner der Kienbaum Management Consultants GmbH und leitete den Geschäftsbereich Human Resources Management.

Michael Lorenz berät nationale und internationale Kunden seit 1988 in Fragen der Strategie, der Personalentwicklung und der Management-Diagnostik. Schwerpunkte seiner Arbeit liegen in der Prozessbegleitung und Moderation von strategischen Neuausrichtungs- und Umstrukturierungsprozessen sowie in der Ausrichtung von Servicebereichen. Weitere Schwerpunkte liegen in Trainings und Workshops für Manager und Führungskräfte in den Themenfeldern Management, Führung und Vertrieb und in der Konzeption, Implementierung und Projektleitung bei Personalentwicklungsprojekten.

In individuellen Coachings begleitet Michael Lorenz Manager bei persönlichen Veränderungs- und Entwicklungsprozessen in Führungs- und Positionierungsfragen. Er hat zahlreiche Artikel und Bücher zum Themenfeld Management, Führung und Human Resources veröffentlicht.

 **Nora Haager** ist seit 2014 Beraterin und Trainerin bei der grow.up. Managementberatung GmbH in Gummersbach. Sie studierte Psychologie (B. Sc. und M. Sc.) mit dem Schwerpunkt Wirtschafts- und Personalpsychologie an der Technischen Universität Darmstadt.

Ihr Beratungs- und Tätigkeitsspektrum umfasst im Bereich der HR-Systeme und -Instrumente die Konzeption und Begleitung von Auswahl- und Potenzialanalyseverfahren sowie von Personal- und Prozessentwicklungsinstrumenten, die Durchführung von Personaldiagnostik mit Persönlichkeitsfragebögen und Testverfahren, das Führen von Auswertungs- und Entwicklungsgesprächen, die Entwicklung von Mitarbeiterbeurteilungs- und Zielvereinbarungsinstrumenten sowie die Konzeption, Implementierung und Auswertung von Feedback-Instrumenten.

In der Qualifizierung und dem Training von Führungskräften und Spezialisten hat sie sich auf die Bereiche Führung und Motivation, Konzeption und Begleitung von Führungs- und Projektplanspielen, Präsentation und Moderation, Kommunikation, Gesprächs- und Verhandlungsführung, Selbst-, Zeit- und Stressmanagement, Personalmarketing und -auswahl sowie Veränderungsmanagement spezialisiert.

Außerdem führt sie Karriere-Coachings und Team-Workshops zu unterschiedlichsten Fragestellungen durch. Nora Haager ist systemischer Coach und Reiss Profile® Master.